Dedicato a Catharine,

lei sa il perché.

L'autrice

Maria Teresa Antoniozzi è una giornalista italiana freelance. Nel corso della sua carriera ha unito l'interesse per il giornalismo investigativo ad un giornalismo attento alle dinamiche interne dell'essere umano. Uno sguardo oltre l'evento.

La sua formazione professionale annovera la specializzazione presso la Tavistock Clinic di Londra in Studi Psicoanalitici.

Questa pubblicazione rappresenta la sintesi dell'attività giornalistica e l'interesse specialistico dell'autrice.

L'autrice vive e lavora ad Oxford (UK) con suo marito e i loro tre figli.

Per i commenti contatta l' autore al seguente indirizzo email: teresa.matousek@gmail.com

Introduzione

Lo scopo di questa pubblicazione è di diffondere il pensiero e la tecnica psicoanalitica nel trattamento psicoterapeutico con bambini e adolescenti con l'augurio che questo strumento psicoterapeutico possa essere di maggiore uso e aiuto.

Il caso qui descritto si basa su un vero caso clinico: la storia di Roberto e la sua famiglia. In seguito ad un trauma familiare, che ha reso i suoi genitori incapaci di essere emozionalmente ben disposti verso i suoi bisogni, Roberto si è chiuso in se stesso, ha smesso di parlare, ha cominciato ad agire atti ritualisti evitando ogni tipo di contatto con gli altri. Il trattamento psicoanalitico ha favorito un positivo esito della problematica. Cruciale si è rivelata la capacità della terapeuta nell'aver saputo fare una corretta diagnosi. Gli stessi genitori di Roberto hanno trovato un beneficio nel corso della terapia riscoprendo vicinanza con le emozioni del loro figlio.

Il libro è composto dalla breve novella seguita da un epilogo in cui sono descritti gli elementi teorici che sono alla base all'intervento psicoterapeutico psicoanalitico di questo caso clinico. Le informazioni teoriche, qui riportate, offrono l'opportunità per un approfondimento dell'argomento.

Il Sorriso del Silenzio

Conoscerci meglio

Anche questa mattina Rosalba
accompagna alla scuola materna suo
figlio. Roberto è un bambino molto
magro, magrissimo; la sua gracilità lo fa
sembrare più piccolo della sua età, con
difficoltà dimostra i suoi tre anni. È
questa una mattina di Novembre e il sole
fa fatica a svegliarsi nascosto dietro una
coperta di nebbiolina.

Quando madre e figlio si avvicinano
all'edificio scolastico sono accolti dalle voci
che provengono dalle aule le cui finestre sono
lasciate socchiuse in prima mattinata per
rinfrescare. Ne esce una voce giovane, quella
della maestra Antonella, che dirige i bambini
per sistemare l'aula e renderla pronta per la
nuova giornata.

"Quest'angolo è per la lettura del racconto, e su questi tavoli possiamo mettere la plastilina con cui potete giocare, bambini."

"Maestra, dove mettiamo i Lego?"

"Oh, si, i Lego. Che ne dite di sistemare i pezzi del Lego in questo spazio?"

La maestra suggerisce indicando un tavolo vicino alla finestra.

" Si, si!" risponde in coro il gruppetto di bambini che sono arrivati presto a scuola.

La loro puntualità, la fatica di essersi svegliati presto viene ricompensata dalla maestra che offre loro il piacere di aiutarla nel riordinare l'aula. Sentirsi partecipi del lavoro dei grandi, questo si che è interessante! Ricompensa anche le piccole o grandi ansie nell'aver lasciato il conforto delle cure materne.

La voce della maestra e dei bambini che conversano si diffonde nel cortile che Rosalba e Roberto stanno appena attraversando. Roberto, non viene catturato dalle voci, lui sembra non sentire. Continua a camminare con la testa reclina sul suo petto, il suo sguardo attratto dal grigiore del cemento che calpesta. É il monotono movimento dei suoi piedi che sembra richiamare la sua attenzione: uno avanti, l'altro avanti, uno avanti, l'altro avanti.

La madre accompagna Roberto sulla porta della classe, lo aiuta a svestirsi del cappottino ed infine, come rituale, fa un cenno di saluto alla maestra. Rosalba sta per andarsene quando la maestra, conquistando la sua attenzione con un leggero movimento della mano, le dice:

"Signora Moretti, vorrei poter parlare un po' con lei, potrebbe trattenersi oggi all'uscita?"

Con un soffice "Va bene, signora maestra, ci vediamo dopo, quando vengo a riprendere Roberto" Rosalba risponde incontrando brevemente gli occhi della maestra.
Dirigendosi verso l'uscita Rosalba si affretta a volgere il suo sguardo immediatamente in terra; esce dalla classe e si dirige fuori dalla scuola.

La giornata scolastica può iniziare.

"Ora vi racconto una storia molto interessante, sediamoci tutti vicino, vicino, vicino." É l'invito con cui la maestra Antonella incita i bambini per iniziare l'ascolto della lettura "Leggeremo la favola del Lupo e i Tre Porcellini."

Roberto si aggira nella classe alla ricerca della sua sediolina. Per dare all'aula uno spirito di allegria, le piccole sedie sono di diversi colori che uniti ai tanti allegri colori dei giocattoli e dell'arredamento circostante, rendono l'aula, un luogo brioso e vivace. Roberto ha scelto, sin dal primo giorno di scuola, la sediolina gialla. La cerca ogni mattina, è il primo pensiero che occupa la sua mente nel momento in cui arriva in classe.

Con cautela la pone vicino alla scrivania, non lontano dalla maestra, Roberto si siede e comincia ad accarezzare con la sua piccola mano la gamba metallica del tavolo. Sono tre mesi che ripete ogni mattina gli stessi gesti, le stesse scelte, le solite azioni. Su e giù, lungo il tubo metallico della gamba del tavolo. Quella manina sembra attratta dalla frescura del metallo o forse è la liscia superficie che rende piacevole questo tatto, o entrambe le caratteristiche di questo gambo metallico. Il suo è un toccare leggero, un movimento meccanico, ripetitivo, sempre uguale. Su e giù, su e giù. Roberto non afferra il gambo con la forza dei muscoli della sua manina; no, niente di tutto questo, lui lo accarezza gentilmente. Il suo volto non lascia immaginare nessuna sensazione, nessuna emozione.

La maestra Antonella parla con voce vellutata e persuasiva verso il gruppo di bambini seduti sulle loro piccole sedie poste difronte a lei. Con una mano sostiene il libro pieno di illustrazioni colorate, mentre, per mantenere viva l'attenzione dei bambini, accompagna il percorso della storia con il movimento dell' altra mano che gesticola come un direttore d'orchestra.

Di tanto in tanto i suoi occhi si spostano dalla pagina del libro per dirigersi verso i visini attenti e incuriositi dei bambini. Il suo viso cambia espressioni. I suoi occhi delle volte si allargano, delle volte si contraggono; ma rimangono, per quanto possibile, diretti verso i numerosi occhi dei suoi piccoli alunni. Il gioco dell'incontro degli sguardi può facilitare un incontro delle menti di tutti; non lo ha letto in nessun libro, lei questo lo sente, lo percepisce. Concedersi un attimo di distrazione potrebbe dissolvere il lavoro fatto fino a questo momento.

Silenziosi, attenti e incuriositi dalla storia, i bambini vivono il racconto con leggeri sospiri intervallati da sorrisi. Roberto non sospira, non sorride, il suo viso non cambia espressione. Lui osserva per pochi attimi gli altri bambini ma non riesce a seguire la storia. La stessa storia nella sua mente non prende forma, anzi si spezzetta; senza un inizio, senza una fine da immaginare. Così, non riesce a dare un senso a quello che ascolta. Le voci, i rumori, lui li sente ma il significato di tutto ciò per Roberto è oscuro. Se ne sta buono seduto senta lamentarsi, senza attirare l'attenzione di nessuno.

"........ e così, bambini, il lupo soffia, poi soffia, e soffia ancora ......" La maestra continua il racconto.

Quando la sua voce diventa grossa preannunciando l'arrivo di un pericolo come descritto sul libro, Roberto ritrarre bruscamente la mano dal metallo per coprirsi il viso con le sue manine. Il tono della voce della maestra invita alla paura e lui volta lo sguardo in alto come per allontanare il dolore delle sensazioni.

"........ma il porcellino riesce a scappare e a raggiungere la casa del suo fratellino......."

Leggeri sorrisi si abbozzano sui volti dei bambini. I porcellini sono salvi, i bambini pure. Ora tutti possono rilassarsi .

Seduto e poco partecipe, per Roberto il tempo non passa mai, anzi sembra infinito; le sue giornate sono solo portatrici di lunghe attese e di noia. Senza un apparente motivo si alza per andare presso un grande armadio della classe. Di quell'armadio lui conosce bene i cassetti, e anche oggi ricomincia il gioco di sempre: li apre e li chiude, li apre e li chiude. Il ritmo di questo aprire e chiudere sembra essere simile a quello dei suoi piedi che calpestavano il cemento; uno avanti poi l'altro, o simile al ritmo della sua manina che accarezza la gamba metallica del tavolo: su e giù, su e giù. L'aprire e chiudere i cassetti potrebbe continuare tutto il giorno se non arrivasse la maestra ad interrompere questo suo passatempo. Il rumore distrae il gruppo dei bambini che si girano a guardare Roberto. La maestra si avvicina:

"Roberto torna ad ascoltare la storia con noi." Lo prende per mano e lo riconduce a sedersi.

Roberto la segue, non oppone resistenza, si siede docilmente sulla sua sediolina gialla. Nel sedersi riconduce la mano sul gambo metallico della scrivania, il suo viso gira intorno all'aula, scruta i muri della stanza ma nessun pensiero trapela dal suo sguardo. Sembra guardare con superficialità, niente attrae la sua attenzione poco più di pochi secondi. Superficiale è il suo sguardo, come il tocco della sua mano sul gambo di metallo.

La maestra ha finito di raccontate la storia:

"Ora bambini potete scegliere il vostro angolo per giocare." Roberto non si muove, sembra non sapere quello che deve fare, dove andare e perché spostarsi. Rimane seduto. Avrà Roberto qualche desiderio? Un cruccio questo che attraversa la mente della maestra.

Non appena finisce di occuparsi dei bambini, Antonella si volta verso Roberto, si china verso di lui e gli parla con la sua voce soffice:

"Cosa vuoi fare Roberto? Vogliamo giocare con questi blocchi di legno? Costruiamo una torre, ti piace? Ed ora facciamo un ponte? Roberto, ripeti con me tooorrrre.., tooorrre ..,. pooonnnte ..., pooonnnte .. poi ci facciamo passare le macchinine."

Roberto non la segue, e girando lo sguardo verso il soffitto le comunica che non riesce a trovare nessun interesse in questa noiosa lista di nomi. Così si muove e all'improvviso apre la porta della classe per dirigersi verso il corridoio. Il corridoio della scuola è uno spazio scelto da Roberto come lo spazio di una sua ritrovata libertà; qui sembra felice.

Questo è il luogo dove può correre allargando le sue braccine, le lascia svolazzare in alto e in basso come se stesse per prendere il volo. La sua testa comincia a ciondolare prima in un verso poi in un altro. Nel corso di questo volo immaginario emette a ripetizione degli urletti squillanti.

La maestra è costretta ad abbandonare i suoi bambini per raggiungere Roberto e ricondurlo in classe prendendolo per mano e con un tono di voce conciliante gli parla:

"Roberto, adesso è ora di stare in classe; non è ancora il tempo della ricreazione."

Roberto la segue, non oppone resistenza. Lei non sa se lui la capisce ma continua a comunicare con lui come se parlasse a uno dei suoi tanti bambini. Spera che Roberto nel profondo della sua mente possa percepire quanto sia tenace in lei il desiderio di aiutarlo. Se solo sapesse come.

Lei adagia Roberto sulla sua sediolina gialla ma dopo pochi minuti lui torna al suo armadio, ai suoi cassetti: prima quello in alto, poi quello in mezzo poi il terzo, l'ultimo. Ripete gli stessi movimenti e gli stessi rumori, forse è musica per i suoi sensi. Questa volta la maestra lascia Roberto nel conforto del suo mondo.

Luca no. Lui si avvicina a Roberto e gli chiede:

"Roberto vuoi giocare con noi con i lego, stiamo costruendo un'astronave."

Roberto lo guarda per un attimo, non appena i suoi occhi incontrano quelli di Luca, volta repentinamente lo sguardo altrove e torna alla sua musica preferita. Questo basta perché Luca torni ad unirsi ai suoi compagni senza Roberto.

La campanella suona, la scuola è finita per oggi ed è ora di andare a casa.

Quando la signora Rosalba si avvicina alla porta della classe la maestra la invita a sedersi mentre Roberto rimane seduto sulla sua sediolina, pazientemente aspetta il suo turno per uscire dalla scuola e tornare a casa.

"Signora, dopo tre mesi di lavoro con questa nuova classe ho osservato il comportamento di Roberto. É un bambino molto buono ma sono un po' preoccupata perché tende ad isolarsi. Non vuole giocare con gli altri bambini. Se ne sta sempre seduto sulla sua piccola sedia e non ha nessun interesse a parlare o giocare, né con me, né tanto meno con gli altri bambini."

Rosalba non mostra nessuna sorpresa nell'udire i commenti della maestra. Invece mestamente abbassa lo sguardo e, dopo un leggero sospiro, si confida con la maestra:

"Signora maestra, la ringrazio per avermi invitato a parlare con lei. Si, anche noi siamo preoccupati per Roberto. Anche in casa non parla e si isola come se vivesse in un mondo tutto suo. Noi non sappiamo cosa fare."

La maestra Antonella è sorpresa che la madre di Roberto concordi con lei senza bisogno di tante parole di spiegazione. Forse ha parlato nel momento giusto, forse ha trovato le misurate parole, forse ha usato il corretto tono di voce. La maestra si ritrova a riflettere. Lei sa per esperienza che parlare ai genitori dei problemi dei loro figli non è un compito facile. Delle volte i genitori si pongono in conflitto con le osservazioni degli insegnati e reagiscono con rabbia come per difendersi da attacchi personali.

Di fronte a situazioni problematiche, spesse volte, gli insegnanti sono intrappolati fra due fuochi; lasciare i bambini al loro destino o affrontare il rischio di una violenta reazione dei genitori?

Con la mamma di Roberto sembra essere andato tutto liscio. Per la maestra è giunto il momento di tirare un respiro di sollievo e aggiunge:

"Ho parlato di Roberto con la Psicologa della scuola e abbiamo pensato che potrebbe essere importante consultare uno specialista, se voi genitori siete d'accordo. Noi possiamo aiutarvi, per esempio, se volete, possiamo , organizzare un primo incontro con lo specialista."

Rosalba alza lo sguardo verso la maestra e in modo deciso la guarda negli occhi mentre le dice:

"La ringrazio, signora maestra, le sarei molto grata se lei potesse aiutarci. Questa sera ne parlo a mio marito."

Che la maestra abbia affrontato il problema di Roberto non sorprende Rosalba. Lei sapeva che l'isolamento di Roberto non sarebbe passato inosservato nella scuola ma lei stessa non sapeva proprio come affrontare il problema.

Troppi dubbi avevano attraversato la sua mente quest'ultimo anno, fino al punto che era caduta nella confusione più totale. Continuava a ripetersi 'si, ci deve essere un problema in Roberto, ma in fondo che c'è di male se un bambino è troppo buono? In

fondo lui vuole solo starsene da solo, non da'
fastidio a nessuno, non crea problemi.'

Però le sue considerazioni cadevano in
contraddizione quando nel segreto dei suoi
pensieri si trovava difronte a domande del
tipo: 'Ma è normale che Roberto non desideri
giocare con altri bambini? Perché mai
preferisce sempre fare giochi ripetitivi da solo
nella sua stanza? E perché ha smesso di
parlare?'

Mentre Rosalba usciva dalla scuola aveva
cominciato a pensare 'Adesso che anche la
maestra ha visto un problema nel
comportamento di Roberto non posso più
nascondermi dietro tante illusioni, non ci sono
più dubbi: il problema c'è, e lo dobbiamo
affrontare.'

Rosalba è una donna di poco oltre i trent'anni,
ma dimostra qualche anno in più. Il suo corpo
ha perso l'armonioso profilo che le
apparteneva prima della nascita dei suoi figli e
non ha fatto nessuno sforzo per recuperare la
snella figura di un tempo.

I suoi lunghi capelli, che un tempo ondulando incorniciavano il suo visto, ora sono frettolosamente raccolti. Poco il tempo speso di fronte allo specchio. Si veste ormai solo per sentirsi coperta e ha lasciato nel passato i piaceri nello scegliere i colori o le forme con cui addobbare il suo corpo. É sempre più spesso il grigiore dei suoi pensieri a colorare il suo aspetto.

"….Non si preoccupi, Signora, cercheremo di aiutare lei e Roberto il più possibile."

Con queste ultime parole la maestra aveva salutato la mamma di Roberto. E questo, Rosalba continuava a ripetersi mentre tornava a casa tenendo Roberto per mano. Era rimasta sorpresa, non aveva sentito nessuna volontà di giudizio nelle parole della maestra. Questa giovane donna sembrava aver compreso il dolore della madre e del figlio e aveva, addirittura, offerto collaborazione e sostegno.

"Aiutare lei e..." non solo Roberto, quindi. Mentre Rosalba si allontanava dalla scuola rifletteva sul fatto che nonostante avesse dovuto di nuovo passare in rassegna i problemi di Roberto nel parlare con la maestra, ora sembrava sentirsi più leggera e meno oppressa, meno soffocata dall'angoscia del problema. Diventava sempre più chiaro nei pensieri di Rosalba che anche lei aveva bisogno di aiuto, di supporto.

Aveva inoltre capito che chiedere aiuto non era una colpa, un demerito, una pecca. No, niente di tutto questo. Anzi questa maestra sembrava condividere con lei il peso del suo dolore. Forse il supporto offerto avrebbe potuto aiutarla a capire meglio lo stato di confusione in cui si trovava dal momento in cui Roberto aveva smesso di comunicare con tutti coloro che lo circondavano.

Rosalba camminava e continuava a ripetersi questi pensieri come a voler instillare in se stessa un senso di ritrovata fiducia. Questo aveva cominciato a pensare dal momento in cui i suoi occhi avevano incontrato quelli della maestra Antonella.

Quella giovane donna piena di entusiasmo era riuscita, con parole moderate, con un gentile tono di voce e lo sguardo rasserenante, ad abbracciare le emozioni di Rosalba e a risollevare in lei la speranza, la forza, la voglia di combattere.

Così, mentre madre e figlio camminano verso casa, Rosalba aveva stretto con più forza la mano di Roberto come a volergli trasmettere la sua ritrovata energia. Roberto aveva risposto alzando lo sguardo verso il viso della madre ottenendo in cambio un benevolo sorriso.

'Troveremo una soluzione Roberto, tornerai ad essere il bambino allegro che eri.' Nei suoi pensieri ora si accavallavano nuovi propositi e nuovi desideri.

"Cosa vuoi per merenda? Che domanda inutile! Lo so che vai pazzo per il tuo solito panino e nutella. Va bene, avrai la tua merendina preferita. E che ne dici di un buon cioccolato caldo?"

Era ormai da qualche tempo che Rosalba si era abituata a farsi domande e a darsi le risposte. Aveva deciso che questo era un modo per mantenere in vita le speranze che un giorno Roberto avrebbe ricominciato a parlare. Inoltre immaginava che mantenendo vivi i dialoghi Roberto avrebbe potuto imparare o decidere di parlare nuovamente. Non vedeva altra scelta.

L'idea del cioccolato caldo, intanto, strappa un altro sorriso dal viso di Roberto. Un sorriso che accarezza e scalda il volto della madre.

Non lontano dalla scuola c'è l'abitazione della famiglia di Roberto; un appartamento in una piccola palazzina. É Elena, la sorellina di solo un anno, che impaziente aspetta il ritorno del fratello. "Mama, mama, Betto, Betto." continua a ripetere al nonno che è in casa a farle compagnia in attesa del ritorno della mamma.

"Si, Roberto sta arrivando con la mamma."
Continuava a rassicurarla il nonno. Pochi
minuti passano e Roberto entra in casa, senza
salutare, si siede in cucina vicino al tavolo,
sempre sulla stessa sedia.

La madre intanto prepara la merenda come da
promessa. Elena, dal suo seggiolone, articola
qualche suono che accompagna il nome di
Roberto, "Betto, Betto" per attirare
l'attenzione di suo fratello. Lei è sempre
entusiasta nel rivedere il suo fratellino. Per lei
Roberto è un piccolo giocattolo vivente; lui
non è gigante come gli adulti.

Ma lui si volta nella direzione opposta, come a
non volere essere disturbato o catturato dallo
sguardo interessato di Elena o dall'intensità
della sua voce che si fa sempre più incalzante.
Così Elena sentendosi ignorata, butta in terra,
bruscamente, un piccolo giocattolino di
plastica che popolava il suo piccolo tavolo e
comincia a piagnucolare. E' una scena che si
ripete ogni giorno ma Elena fa fatica ad
imprimerlo nella sua mente, a conservalo fra i
suoi ricordi. Sembra non volersi rassegnare al

fatto che Roberto voglia starsene da solo.
Così, ogni giorno rinnova al fratello il suo
invito al gioco.

"Elena, non ti preoccupare, Roberto è stanco,
adesso una buona merenda farà bene a tutti e
due." Cerca di conciliare Rosalba.

In completo silenzio Roberto mangia il suo
panino e beve il cioccolato caldo. Come in un
giorno di festa, la merenda è alquanto
generosa ma Roberto non dimostra nessuna
gratitudine. Anzi, dopo aver mangiato in fretta
la sua porzione di merenda, fugge nella sua
stanza, dove rimarrà a giocare con i suoi
trenini fino al ritorno del padre. Questi sono i
trenini di sempre che ogni giorno segnano il
suo ritorno da scuola, l'arrivo della serata e la
fine della giornata.

Rosalba sa che non può disturbarlo, non può
proporre un gioco diverso per Roberto, né
una leggera variazione al gioco. Ci ha provato
tante volte ottenendo solo pianti disperati.
Come se per Roberto il vedere la pista posta
in una posizione diversa possa significare la
completa distruzione del suo mondo interno.

Così Rosalba ha imparato che la pista deve rimanere sempre nello stesso posto. I trenini di Roberto devono andare lungo lo stesso percorso e devono rimanere in fila, in un ordine di colori da lui scelto: il trenino giallo in prima posizione, quello rosso in mezzo e il trenino blue chiude la sequenza.

La circolarità della pista-binario rende il gioco infinito, dove Roberto non ha bisogno di immaginare un inizio e una fine, una partenza e un arrivo. Lui non ha una storia da inventare, una storia che potrebbe svolgersi lungo i binari ferroviari o all'interno dei suoi trenini. Lui ama solo muovere i suoi trenini uno dopo l'altro, lungo il tragitto circolare. Prima il giallo, poi il rosso, infine il blu.

Il rumore della chiave nella serratura e l'aprirsi della porta di casa sono l'annuncio dell'arrivo del padre, accolto dal festevole vociferare di Elena. Rosalba aveva avuto ragione dopo la cioccolata calda, Elena aveva ritrovato il suo buon umore sostituendo Roberto con i suoi giocattolini di plastica. Traballando nella sua appena appresa arte di camminare, Elena cerca di raggiungere il padre.

"Brava Elena!!," Antonio si abbassa verso di lei "ogni giorno diventi sempre più veloce, vieni in braccio e andiamo a vedere cosa sta facendo la mamma in cucina." Rosalba è indaffarata come sempre a quest'ora della giornata nel preparare la cena. "Ciao Betta" Antonio le si avvicina per salutarla con un leggero bacio sulla guancia e commenta:

"Che profumo delizioso, cosa stai cucinando?" Cerca una risposta scrutando sui fornelli e affinando il suo olfatto.

"Il tuo piatto preferito, Antonio, capretto e patate arrostite al forno. Sono certa che sarete tutti felici questa sera." Rosalba risponde continuando a tagliare il pane da mettere in tavola.

"É fantastico, tu sola sai cucinare il capretto in modo sublime! Grazie mia Betta, meriti un altro bacio. Sai che ti dico? Questa è una cena che merita una bottiglia di vino rosso toscano." Così si dirige verso la dispensa per scegliere la bottiglia di vino.

"Va bene, ma non dimenticare di preparare la tavola." Puntualizza Rosalba.

"Si, si, prima però voglio andare a vedere cosa sta facendo Roberto nella sua stanza, andiamo Elena?" appoggiando la bottiglia sul tavolo.

Elena, ancora nelle sue braccia, sembra divertirsi a giocare con i ricci che popolano la capigliatura nella testa del padre.

Non appena nella stanza di Roberto, Elena viene catturata dai trenini con cui Roberto sta giocando. Si dimena, così dalle braccia del padre per essere messa in terra. Roberto continua a giocare con i suoi trenini come se non avesse affatto percepito la presenza del padre e della sorellina. Antonio nel mettere in terra Elena, solleva Roberto separandolo dal suo gioco.

"Roberto come è andata la tua giornata all'asilo? Ti sei divertito?" Roberto risponde scuotendo leggermente la testa, mantenendo lo sguardo incollato sui suoi trenini ed evitando di incontrare gli occhi del padre.

"Hai mangiato tutto? Hai ancora i segni della cioccolata sul viso. Ti è piaciuta, eh! "

Dopo un leggero annuire con la testa si dimena dalle braccia del padre, protendendo il suo corpo verso la pista dei suoi trenini. Antonio capisce, lo riaccompagna ai suoi giocattoli e lascia entrambi i bambini nella stanza. Si dirige in cucina per aiutare come promesso ad organizzare la tavola per la cena.

"Allora, Betta cosa avete fatto oggi?" Antonio conversa mentre mette la tovaglia sulla tavola dove e dispone i piatti e le posate.

"Le solite cose, niente di speciale" Rosalba spiega mentre assaggia il capretto per essere sicura che sia sufficientemente condito.

"Siamo andati fuori, tuo padre è venuto con noi al parco, gli piace stare con noi, si diverte con Elena. Poi quando sono andata a prendere Roberto a scuola tuo padre è stato molto gentile perché si è offerto di stare con Elena in casa."

"Sono contento che sia stato con voi, è un uomo così solo." Il tono della voce di Antonio tradisce un senso di tristezza al solo pensare alla solitudine del padre.

Dopo cena, quando i bambini sono a letto, moglie e marito riassettano insieme la cucina.

Rosalba ha deciso che questo è il momento adatto per parlare ad Antonio della proposta della maestra di portare Roberto da uno specialista.

"Antonio, io sono preoccupata per Roberto, dobbiamo fare qualcosa." Rosalba rompe il ghiaccio.

"Cosa vuoi fare? Roberto è un bambino buono, calmo; dove è il problema? "

Antonio parla guardando Rosalba che, nel mentre, si è seduta al tavolo della cucina; lei ha bisogno di concentrarsi sulla strategia che ha ideato per affrontare questo problema e continua con voce ferma:

"Oggi la maestra mi ha detto che Roberto in classe tende ad isolarsi e lei è preoccupata." Antonio sfugge lo sguardo della moglie e comincia a camminare nella stanza con le mani chiuse nelle tasche dei suoi pantaloni.

"Ma passerà, dagli il tempo di crescere. Tutti siamo stati bambini e quando si cresce molti problemi scompaiono, ne abbiamo già parlato altre volte, però tu continui a ritornare su questo argomento." Continuando a camminare su e già nella cucina.

"No Antonio, dobbiamo aiutare Roberto adesso, dobbiamo capire i suoi problemi adesso, dopo può essere troppo tardi."

Rosalba ripete e sottolinea con la sua voce la parola 'adesso' per rendere chiaro che lei questa volta non ha nessuna intenzione di posticipare il da' farsi.

"Problemi, problemi ... tu vedi sempre problemi dappertutto." Il tono della voce di Antonio aumenta.

"Io penso sempre a Roberto. Roberto è sempre nella mia mente. Vedi Elena, è piccola, dovrei essere più preoccupata per lei. Invece è Roberto la mia vera preoccupazione."

"Dimmi, cosa vuoi fare?" Antonio aggiunge con tono provocatorio e appoggiando entrambi le mani sulle sue anche ma evitando lo sguardo di Rosalba.

"L'insegnate ha suggerito" Rosalba aggiunge con un po' di trepidazione nella sua voce, "di andare da uno specialista, qualcuno che capisce i bambini." Antonio si ferma, dirige il suo sguardo su Rosalba senza nascondere lo stupore "Uno specialista ? Ma per cosa?"

" La maestra ha suggerito una consultazione da uno psicoterapeuta,"

"Uno psico....cosa ?"Aumentando il tono della sua voce.

"Scusami, avrei dovuto essere più precisa, dobbiamo portare Roberto da uno psicoterapeuta specializzato nel lavoro con bambini."

Antonio la guarda più profondamente come se i suoi occhi potessero penetrarla, ed ad alta voce si sfoga:

"Lo sai Rosalba, io penso che questa è solo follia. Andare da uno psic....." ricomincia il suo camminare senza meta e sbattendo violentemente le sue mani sulle sue gambe, come a schiaffeggiarle.

"Psicoterapeuta" Rosalba aiuta.

"Si appunto, uno psicoterapeuta. E tu pensi che uno psicoterapeuta possa aiutare ? E come? Spiegami, come!"

A questo punto lui si volta, la guarda, allarga le braccia e approfittando del silenzio di Rosalba continua:

"Lo sai cosa significa? Significa che dobbiamo recarci da qualche parte, dobbiamo parlare, e parlare di noi ad uno sconosciuto. Per me è veramente difficile da immaginare. E per cosa? Tu veramente pensi che il parlare può aiutare Roberto?" C'è del sarcasmo nella voce di Antonio.

Mentre parlava aveva descritto con il movimento delle sue braccia tutte le azioni che aveva elencato come a sottolineare il grande sforzo dell'organizzarsi e del fare. Non si era resoconto che così facendo stava rendendo la situazione ancora più complicata per Rosalba. Ma lei non si arrende. Ripete a se stessa di stare calma e, con voce controllata, implora

"Antonio, dobbiamo ......" la sua voce si ferma, si guarda intorno come per cercare le giuste parole scritte sulle pareti della cucina, poi si volta verso di lui e continua:

"Si, dobbiamo avere fiducia. É oltre un anno che Roberto è in questo stato, sta diventando sempre più isolato e, mi sembra sempre più triste." Rosalba parla scandendo lentamente le parole per dare loro forza e valore.

"Il problema, Rosalba, è che Roberto ha appena iniziato la scuola e non conosce bene i suoi nuovi amici. Diamogli tempo. Sono sicuro che in breve tempo tutto si sistemerà" La voce di Antonio si è ricomposta e si è anche un po' addolcita.

"No, Antonio. L'insegante è stata chiara; Roberto continua ad isolarsi nonostante lei lavori molto con lui. Lei è preoccupata, e io sono preoccupata più di lei."

Antonio si è allontanato dalla moglie e guarda fuori dalla finestra; dandole le spalle, ma la voce di Rosalba lo raggiunge comunque.

"Io posso capire che tu pensi che tutto andrà bene, è quello che anch'io pensavo quando Roberto ha iniziato la scuola a Settembre. Avevo veramente sperato che giocando con gli altri bambini la situazione sarebbe cambiata che lui si sarebbe inserito, che avrebbe trovato la voglia di riparlare. Adesso capisco che erano solo speranze, forse illusioni. Ora dobbiamo agire." Il tono della sua voce non è alto ma fermo e deciso. Le lettere dell'ultima parola 'agire' sono scandite una per una.

Antonio si gira verso di lei tenendo le sue braccia conserte. Lentamente si avvicina al tavolo dove era seduta Rosalba ma si siede all'altro estremo. Appoggia i gomiti sul tavolo e lascia cadere la sua testa nelle mani, come a sostenere qualcosa di pesante: troppi pensieri tutti insieme.

Qualche pensiero esce fuori: "Io sono scettico, e……. ho paura che perderemo tanto tempo."

"No, Antonio, bisogna avere fiducia, dobbiamo vedere la luce oltre il tunnel. Che altra scelta abbiamo? Delle volte noi genitori non siamo in grado di capire cosa sta veramente succedendo ai nostri figli anche se cerchiamo di fare del nostro meglio."

Rosalba aveva preparato con cura questo articolato commento sapendo che non sarebbe stato facile convincere Antonio che prontamente risponde:

"Possiamo andare dal nostro medico di famiglia e forse ci può dare un qualche farmaco per …."

Antonio è un tecnico di laboratorio. Collabora con altri tecnici e ingegneri a costruire macchinari sofisticati, di alta tecnologia. In base alla sua logica, quella che lui adotta sul lavoro, tutto si può creare o aggiustare seguendo complesse formule con l'aggiunta o la sottrazione di uno o più elementi. É questo che fa fare miracoli all'uomo; non sono forse le formule che ci hanno spedito sulla luna o che ora spediscono i prodotti dell'uomo su Marte? Quindi per far funzionare nuovamente Roberto dovrebbe bastare l'aggiunta di un qualcosa. Un farmaco, per l'appunto!

Con forza Rosalba ferma il ragionare del marito, questa volta alzando la voce:

"No, no, e poi no! Non sono disposta a pensare che Roberto abbia bisogno di medicine. Roberto non ha nessuna malattia fisica. Che tipo di farmaci pensi che il dottore gli darebbe?"

"Non lo so. Immagino qualche farmaco per farlo svegliare, per renderlo più presente" Risponde Antonio sollevando le spalle e allargando le braccia.

"Te lo dico io, il dottore gli darebbe psicofarmaci. É ridicolo offrire psicofarmaci a bambini così piccoli. Prova ad immaginare che vita terribile. Sarebbe l'inizio della fine per Roberto e per noi. Per evitare di arrivare a quel punto, ti prego Antonio proviamo con la psicoterapia. É un tentativo."

Di fronte al tono implorante della moglie Antonio cede "Va bene facciamo questo tentativo o i farmaci o la psicoterapia, se tu pensi che sia giunta l'ora di fare qualcosa."

Passano due settimane prima di poter avere il primo colloquio con la terapeuta, la dottoressa Mannini.

Quella mattina speciale, mentre Rosalba abbiglia Roberto con più cura del solito gli aveva spiegato che non sarebbe andato a scuola.

"Oggi, Roberto, andiamo in un posto nuovo, dove ci sarà una dottoressa che vuole parlare con tutti noi. Elena rimarrà a casa con il nonno. Vedi, il papà non è andato al lavoro perché io te e papà stiamo andando tutti insieme in questo posto nuovo. Sarà una nuova esperienza. Si lo so che a te non piacciono le nuove esperienze, ma io e il papa ti saremo vicini, vicini. Va bene?"

La famiglia arriva con un leggero anticipo presso l'edificio dove ha sede lo studio della dottoressa Minnini. In attesa di essere ricevuti dalla terapeuta, Roberto comincia a correre lungo il corridoio. Tutte queste novità devono avergli causato ansia che lui sfoga in questa corsa frenetica.

"Roberto, stai vicino a noi, puoi disturbare."

"si Roberto, fra poco sarà il nostro turno. vieni vicino a noi"

Rosalba e Antonio si alternano nel cercare di convincerlo a fermarsi, ma Roberto sembra non sentire e continua la sua corsa forsennata; su e giù, su e giù lungo il corridoio, senza sosta. Accompagna questo correre con lo sfarfallio delle sue braccia. Non si accorge dell'arrivo della dottoressa che si presenta a Rosalba. Antonio intanto cerca di convincere Roberto ad interrompere il suo volo immaginario.

"Roberto ora basta correre, dobbiamo entrare, guarda il tuo trenino ti sta aspettando."

Antonio gli mostra un trenino che giace nelle sue mani. Le parole non bastano, il padre si avvicina a Roberto lo prende per una mano e nell'altra gli mette il giocattolo. Roberto abbraccia il trenino, lo accoglie e lo stringe sul suo petto, come se si trattasse di un orsacchiotto, poi si dirige verso la stanza ubbidendo solo adesso a quanto richiesto.

Non appena entrati nella stanza Rosalba aveva cercato di svestirlo del suo cappottino, ma i suoi tentativi erano stati vani; Roberto si era dimenato e aveva protestato battendo i piedi in terra. Voleva rimanere vestito come era arrivato. E non privarsi del suo cappottino che, soprattutto in questo nuovo ambiente, doveva rappresentare per lui una duplice pelle protettiva.

I genitori si siedono sulle poltrone poste a semicircolo mentre Roberto preferisce vagare nella nuova stanza; sembra interessato ed esamina questo nuovo ambiente.

In un angolo ci sono diversi giocattoli, un piccolo tavolo con tanti fogli e tante matite colorate, addirittura un lavandino. Lui non tocca niente. C'è, inoltre, una piccola casetta di legno, a misura di bambino; Roberto si affaccia sullo stipite della porta, scruta l'interno ma non entra. Ritorna vicino a suo padre con lo sguardo verso il basso.

Accarezza gentilmente il suo cappottino con una mano mentre con l'altra tiene stretto al petto il suo trenino. É calmo adesso con il suo trenino vicino il suo corpo; sembra essere questo il suo modo di sentirsi protetto e sicuro in questo nuovo luogo. Poi mette il trenino dentro la tasca del suo cappotto e con molta cura si assicura che la tasca sia chiusa bene. Continua ad accarezzare questa tasca come a volere confortare il piccolo prezioso oggetto lì depositato.

Solo ora Roberto, in piedi vicino ai suoi genitori, solleva la sua testa e dirige lo sguardo verso la dottoressa Mannini. I loro sguardi si incontrano per la prima volta. Ma immediatamente il pavimento riacquista per lui più interesse.

La dottoressa si avvicina a Roberto, si abbassa nel tentativo di trovare i suoi occhi.

"Mi piace molto il tuo cappottino giallo Roberto, è molto soffice," accarezzando la superfice lanosa,

"Ho visto che hai messo in tasca un trenino, me lo fai vedere?"

Roberto volta il suo sguardo nella direzione opposta, sembra non aver sentito o non voler sentire.

"Roberto, il tuo trenino, quello che hai messo in tasca? Posso vederlo?" Lei insiste e ripete con voce gentile ed ingraziante.

Roberto spinge la sua mano con più pressione all'esterno della tasca come per impedire che il treno ne esca fuori, mentre dirige il suo sguardo verso la dottoressa. Sembra voler scrutare attentamente il volto di lei, soprattutto i suoi occhi, dove sembra aver letto un invito rassicurante. Forse è per questo che con cura tira fuori dalla tasca il piccolo trenino, glielo mostra e glielo porge.

La dottoressa Mannini prende nelle sue mani il giocattolo mentre parla a Roberto:

"Grazie Roberto, è un bellissimo treno, ecco perché lo volevi proteggere, non vuoi certo perderlo."

Lo sguardo di Roberto, ora rilassato, oscilla tra il volto della dottoressa e il suo trenino. Uno sguardo che solo ora sembra non voler più fuggire.

Rosalba interviene: "Oh, Roberto è innamorato di questo trenino. Lo abbiamo comprato qualche mese fa. Un giorno mentre camminavamo ha visto questo trenino nella vetrina di un negozio di giocattoli. Ha cominciato a tirarmi la mano, mi ha trascinato dentro il negozio e si è messo a fissare questo trenino."

Rosalba spiega come lei aveva cercato di convincerlo a comprarne un altro, un treno di plastica, più grande. Roberto aveva allora cominciato a piangere. Alla fine Rosalba aveva dovuto comprargli proprio questo trenino piccolo, pesante perché di ferro solido e di un colore giallo brillante. Lei stessa ammette di non aver mai capito perché quel trenino era piaciuto così tanto a Roberto.

"Sin da quando lo abbiamo comprato lo tiene sempre con se, se lo porta anche a letto, naturamente."

La terapeuta guardando ancora Roberto commenta:

"E' un fantastico trenino, Roberto, di un giallo così luminoso! Ha lo stesso colore del tuo cappotto."

Mentre commenta, ripone con cautela il trenino nella stessa tasca da dove Roberto lo aveva tirato fuori.

Roberto questa volta le dona un sorriso. Un sorriso che non sfugge all'attenzione della psicoterapeuta e che lei ricambia con un altro sorriso e con una gentile carezza sulla sua piccola guancia prima di cominciare la conversazione con i genitori.

"Sono felice che siete qui, avete fatto un buon viaggio?"

"Un po' di traffico ma non è stato un grande problema," risponde Rosalba.

Antonio, protendendo leggermente il suo busto in avanti, introduce il motivo della loro visita.

"Siamo qui per Roberto, siamo preoccupati per il suo comportamento."

La sua voce suona stanca come se le sue parole facessero fatica ad essere formate ed ad uscire:

"Devo confessarle che sono venuto principalmente per mia moglie. E' lei che mi ha persuaso. Si lo so, Roberto ha un problema, ma non sono completamente convinto che la psicoterapia sia la giusta scelta per noi. Però, così mia moglie ha insistito ho deciso di fare una prova, un tentativo."

"Posso capire le sue preoccupazioni, signor Antonio, e ammiro che, nonostante il suo scetticismo, siate venuti. Insieme cercheremo di fare del nostro meglio per Roberto."

La terapeuta risponde, poi si volta verso Roberto e mostrandogli alcuni animaletti di plastica che lei teneva in mano e gli dice: "Ho scelto un gioco speciale per te Roberto, ti piace giocare a nascondino con questi piccoli animali ?"

Roberto non risponde ma pone lo sguardo sui piccoli animali posti sul palmo della mano della terapeuta.

"Io mi auguro che accetti di giocare," mormora la madre.

"Oh si, sarà difficile, lui gioca solo con i suoi trenini e non vuole mai cambiare gioco," rinforza Antonio.

"Capisco" commenta la terapeuta, poi volgendosi verso Roberto:

"Roberto, tu puoi tenere il tuo piccolo treno giallo nella tua mano o nella tua tasca mentre vai alla ricerca di questi piccoli animaletti. Va bene?"

Lei parla mantenendo lo sguardo sul viso di lui, si augura che lui possa rispondere con qualche parola, ma nessun suono esce fuori. Roberto annuisce con la testa, vuole dimostrare che ha ascoltato, così tira fuori dalla sua tasca il suo piccolo trenino. Sembra avere sentito; è il pensiero scritto sul volto degli adulti presenti nella stanza. Buon inizio!

"Adesso Roberto devi chiudere gli occhi, io nascondo questi animaletti e tu li vai a cercare." La terapeuta da' le istruzioni.

É la mamma ad aiutare Roberto; gli mette la mano sul viso per chiudergli gli occhi per pochi secondi. Sorprendentemente lui non protesta. Rosalba sa quanto Roberto sia intollerante; ogni mattina sono pianti e strilli acuti per lavargli il viso.

Il gioco è iniziato e la terapeuta comincia a dettare le istruzioni del gioco con la voce esagerata di un capitano che comanda la sua truppa:

"Adesso Roberto vai e cerca i piccoli animali nascosti nella stanza!"

Roberto parte, si aggira nella stanza e scruta ovunque alla ricerca dei piccoli oggetti mentre la terapeuta continua a parlare con i genitori.

"Sono sorpreso che Roberto abbia accettato di giocare; forse gli piace questa stanza, sembra che si trovi a suo agio qui " Antonio commenta poi si gira e guarda Rosalba che approva con un leggero sorriso e continua:

"Vede dottoressa, Roberto non parla, non risponde. Aveva cominciato a parlare un po' quando aveva circa un anno, poi verso i due anni ha smesso di parlare e ha cominciato a isolarsi sempre di più, quasi ritirandosi dal mondo"

Antonio fa un pausa, abbassa la testa, poi cercando gli occhi della terapeuta chiede "Lei pensa che un giorno Roberto ricomincerà a parlare ?" I muscoli del suo viso si sono irrigiditi, immobili in attesa della risposta.

"Vedremo signor Antonio, non è facile fare una previsione adesso, siamo solo all'inizio del nostro lavoro, ma faremo del nostro meglio." Risponde velocemente la dottoressa Mannini.

Antonio, che stava ancora seduto sull'orlo del divano, cerca ora supporto sullo schienale dove rilassa tutto il suo corpo. Avrebbe voluto una risposta piena di certezze ma la terapeuta sa che è difficile colmare di certezze le domande piene d'angoscia dei genitori, soprattutto quando le domande richiedono risposte complesse. Del resto ogni spiegazione in questa fase iniziale della terapia sarebbe superficiale e inutile. La dottoressa Mannini, invece, pone immediatamente un'altra domanda:

"Signora Rosalba, mi può raccontare la storia di Roberto sin dalla nascita, quello che lei ricorda."

Rosalba abbassa lo sguardo, si sente un po' in difficoltà, è il suo turno di dare voce ai ricordi. Lei sa che il passato non giunge alla nostra mente solo come una lista di eventi; alla memoria sono unite le nostre sensazioni, i nostri sentimenti del passato e del presente. Rosalba deve ora esporre i suoi ricordi carichi di tutta questa ricchezza, questo le basta per provare un senso di imbarazzo. Non le è mai piaciuto essere in primo piano, ha sempre lasciato che fossero gli altri ad esporsi, a prendere la parola. Il silenzio ha il potere di proteggere, lei lo sa e ne fa uso. Ora che era stata invitata a parlare, a decidere cosa ricordare Rosalba sa che deve porre attenzione nello scegliere le parole con cui esprimere i propri ricordi.

"Roberto ha avuto una nascita senza problemi," comincia Rosalba "Ha sempre mangiato volentieri e io l' ho allattato al seno per otto mesi. É sempre stato un bambino

calmo, forse troppo calmo, mi sarei dovuta
allarmare, ma quando un bambino è buono
non ci si preoccupa più di tanto. Vedo che
Elena è molto più vivace di lui. Roberto è
stato il mio primo figlio quindi non era facile
rendermi conto di tante cose. Ha cominciato a
camminare verso un anno; del resto come la
maggiore parte dei bambini. Non ha mai
avuto problemi nello stare in compagnia con
altri, anzi si divertiva molto nel giocare con
altri bimbi. Ora è diventato così silenzioso e
se ne sta così buono che io talvolta mi
dimentico di lui , mi dimentico che lui è nella
nostra casa, nella sua stanza ….mi dimentico
che lui sia lì. "

Qui si ferma Rosalba. Non riesce a fare uscire
altre parole, altre memorie, è meglio essere
priva di pensieri che piena di dolore.

"Quando ha cominciato a vedere l'insorgere
dei problemi in Roberto?" Chiede più
specificatamente la terapeuta.

Antonio prende la parola e spiega:

"Verso l'età di due anni, Roberto ha cominciato a parlare sempre di meno fino a smettere del tutto. Si isola, preferisce starsene da solo, non interagisce con nessuno. Ha cominciato addirittura a selezionale il cibo. Rifiuta di mangiare formaggi e verdure, mangia veramente poco. Adesso addirittura si agita e piange a tavola se un tipo di cibo sta a contatto con un altro cibo, come se avesse paura che i cibi si potessero contaminare. La cosa ci è sembrata molto strana ma avevamo pensato che il problema potesse essere superato con il passare del tempo. In realtà questa sua paura sta diventando sempre più incontrollabile perché ora vorrebbe ispezionare anche nei nostri piatti. Poi, con l'inizio della scuola Roberto invece di sentirsi a suo agio in compagnia di altri bambini tende ad isolarsi sempre di più, così la maestra ci ha invitato ad affrontare il problema."

Mentre la terapeuta ascoltava i commenti di Antonio, continuava il gioco con Roberto del nascondere e ritrovare gli oggetti. Poi rivolgendosi ad Rosalba chiede:

"Lei signora Rosalba ha qualcosa da aggiungere? Ha notato qualcosa di cui avrebbe piacere di parlare?"

"Si, veramente, c'è un aspetto di Roberto che mi fa star male, mi fa quasi arrabbiare. Vuole essere sempre super indipendente. Devo dire che all'inizio ho pensato che volesse sentirsi 'grande', insomma, volesse copiare noi genitori. Poi però ho capito che non poteva essere solo questo."

"Può farmi un esempio?" chiede la dottoressa.

"Si certo, per esempio quando vuole un oggetto che è in un posto per lui irraggiungibile, nella dispensa in alto per esempio, fa del tutto per raggiungerlo da solo anche a rischio di farsi male o di cadere. Quando capisce che non ce la fa comincia un pianto inconsolabile. Se io cerco di aiutarlo, per esempio, ad aprire il frigorifero oppure gli do un biscotto che io prendo dalla dispensa, beh! Roberto comincia a piangere, ma di un pianto disperato difficile da calmare. Così, quando lui non mi vede io gli preparo le cose di cui penso possa avere bisogno e le metto ad una altezza per lui raggiungibile."

"Mi spieghi meglio, signora Rosalba, perché questa cosa la fa così arrabbiare? E le procura tanta tristezza?"

"Si è vero, è molto triste. Perché tante volte di fronte al suo rifiuto di mangiare il biscotto che io gli do, mi sento rifiutata come madre, mi fa sentire una mamma inutile."

Mentre Rosalba parla giochicchia con la cinta della sua borsa; arrotola un' estremità intorno alle sue dita e tira l'altra estremità con energia come a voler scaricare il suo stato di tensione su questo oggetto innocente. É su questa cinta che lei abbassa il suo sguardo di tanto in tanto. Quando ha finito di parlare mette la borsa dietro la sua schiena e guardando con più decisione la terapeuta allarga le sue braccia e aggiunge:

"É molto triste e doloroso da accettare."

"Signora Rosalba, è molto interessante quello che lei mi dice." Commenta la dottoressa come a voler sottolineare che la tristezza e il dolore da lei confessati non sono sentimenti inutili. Le spiega, inoltre, che questo estremo bisogno d'indipendenza è collegato alla volontà di Roberto di non voler comunicare, di volersi isolare.

"Vede, signora Rosalba, indicare o chiedere un oggetto per un bambino, e aspettarsi che la mamma lo prenda per lui è una comunicazione importante. Un passaggio importante. Roberto ad un certo punto della sua crescita ha voluto evitare tutto questo. Come se avesse voluto dire a se stesso e al mondo che lo circonda: ' *Non indico più, non chiedo e non accetto nessun aiuto. Non voglio più ricevere e non voglio più dare'.*"

Rosalba comincia a sentirsi meglio. Si sente capita quindi un po' libera del peso dei suoi sensi di colpa e di un senso di inadeguatezza che la stava accompagnando ormai da diverso tempo. Realizza solo ora che Roberto non rifiuta il suo aiuto perché lei non è una buona madre; 'se Roberto rifiuta il mio aiuto, è parte di un problema più grande' pensa, senza dar voce ai suoi pensieri.

La dottoressa ha bisogno ancora di più informazioni e domanda: "L'anno in cui Roberto ha cominciato ad avere problemi, quando appunto lui aveva due anni, ha coinciso con qualche evento particolare in famiglia?"

Nel ricordare quel qualcosa di particolare il volto di Antonio si fa triste, reclina la testa, unisce le mani a forma di pungo e le stringe con energia. Un profondo sospiro anticipa il suo racconto.

"Si, quello è stato l'anno in cui è morta mia madre, la nonna di Roberto. I miei genitori hanno sempre vissuto nell'appartamento sotto il nostro. Mia madre stava spesso da noi soprattutto dopo la nascita di Roberto."

Il suo parlare si ferma. Preso dal ricordo, le lacrime, che non riesce a trattenere, bagnano le sue guance. Nel silenzio il suo sguardo si fa immobile, come perso nel vuoto, la sua testa reclina verso il basso.

Nel vuoto lasciato dal silenzio di Antonio, Rosalba interviene:

"É stato un periodo difficile, eravamo tutti molto legati a mia suocera. É stata una morte improvvisa. Mio marito ha reagito molto male, è andato fuori di se dal dolore. Si è isolato, ha attraversato mesi di depressione da cui però si è fortunatamente ripreso. É stato un periodo molto, ma molto brutto e triste." Segue un attimo di pausa dove nessun sguardo si incontra, poi aggiunge "Inoltre, quello è stato anche l'anno in cui è nata Elena".

Rosalba realizza solo ora, grazie a quell'attimo di silenzio, che sin dalla morte di sua suocera non solo Antonio era stato assorbito dai suoi problemi e quindi incapace di curarsi di Roberto, ma, nello stesso periodo, le sue attenzioni di madre erano state donate tutte ad Elena dovendo sopperire anche al mancato aiuto di un marito lontano con il pensiero perché intrappolato nella depressione. Chi aveva contenuto la tristezza di Roberto, chi lo aveva sorretto nel corso dei suoi pensieri angosciosi durante quel periodo così difficile? Quali attenzioni speciali avevano rimpiazzato la perdita di una nonna così amorevole e presente nei ricordi di Roberto?

"Si, quando mia madre è venuta a mancare Roberto aveva esattamente due anni" Antonio aggiunge con voce tenue, come se stesse parlando a se stesso "Ma ero talmente preso dal dolore della perdita che non ricordo granché di Roberto durante quel periodo."

La terapeuta lascia che la stanza si riempi di silenzio. Un silenzio che invita tutti a riflettere. Quanto detto dal padre penetra dentro ciascuno di loro. La tristezza con cui Antonio parla della morte di sua madre non passa inosservata a Roberto che interrompe il suo giocare. Smette di cercare gli oggetti, comincia a correre all'interno della stanza prendendo sempre di più velocità, svolazza le sue braccia in aria ciondolando la sua testa da un lato e dall'altro. La sua voce crea picchi di piccole urla che perforano la mente dei presenti nella stanza.

La tristezza del padre ha invaso la mente di Roberto, riflette la terapeuta. Roberto aveva cominciato a correre come un bambino perso, con le braccia aperte come le ali di un aeroplano. Ha, così smesso la sua ricerca dei piccoli animali. Ora sembra essere alla ricerca di qualcos'altro. Forse sta cercando un Roberto privo del profondo senso di tristezza. Lui sa che questo non lo può trovare dietro le sedie o sotto i cuscini, dove aveva trovato i piccoli giocattoli di plastica. Forse l'immaginario volare lo aiuta a sbarazzarsi di questo sentimento di tristezza non piacevole .

Ma lei, la terapeuta, vuole ritrovare il Roberto felice. É ancora vivo in lei il ricordo del sorriso di Roberto quando lei per puro caso aveva notato la coincidenza del trenino giallo e del cappotto dello stesso colore. Lei aveva intuito che doveva esserci qualcosa di speciale in quel colore giallo, qualcosa di magico. Così prova ad attirare l'attenzione di Roberto mostrandogli una piccola macchina e chiedendogli:

"Roberto, ti piace questa macchina gialla?"
Roberto sospende il suo correre frenetico e
concentra il suo sguardo sulla macchina
contenuta nella mano della terapeuta. " Chiudi
gli occhi, io la nascondo e tu la troverai." Il
tono della sua voce è un tono deciso: questo
non è solo un gioco, lei deve catturare e
riconquistare la mente di Roberto dalla
profonda confusione in cui è caduta e lei sa
che non è un tentativo semplice.

Roberto ora segue le sue istruzioni. Questa
volta lui chiude gli occhi da solo con l'aiuto
delle sue manine. Quando riapre gli occhi la
dottoressa gli chiede:

 "Dove ho nascosto la macchina gialla.
Roberto la vai a cercare?"

Roberto comincia a muovere le sue braccia,
correndo intorno alla stanza ma questa volta
con un obiettivo chiaro. Sposta le sedie quasi
a farle cadere, si abbassa per guardare sotto la
libreria, scruta all'interno della piccola casetta,
si avvicina ai divani e nel rimuovere i cuscini,
buttandoli all'aria, trova la piccola macchina
gialla. La pone sul palmo della sua mano,

dirige il suo sguardo verso l'altra mano dove ancora giace il suo trenino giallo. Trionfante li mostra entrambi ai suoi genitori, poi dirige le sue manine verso la terapeuta e scoppia in una fragrante risata. La sua è una risata gaia, briosa, spumeggiante che riempie la sua bocca e rintona nella stanza. Rosalba e Antonio rimangono in silenzio ma si scambiano espressioni di sgomento. Poi il loro sguardo simultaneamente cade su Roberto. Era passato tanto tempo dall'ultima volta che avevano sentito la voce di Roberto e ora usciva fuori producendo la piacevole musica di una risata.

"Da quanto tempo che non vedevo Roberto così vivo! Avevo addirittura dimenticato il suono della sua risata" Commenta Rosalba, provando però immediatamente un senso di turbamento per quello che aveva appena detto. Aveva forse pensato che suo figlio avesse smesso di ridere per sempre!

Per la terapeuta il 'ritrovare ciò che è andato perduto' diventa chiaramente il concetto chiave di questa seduta.

Decide quindi di stressare questa intuizione per capire di più. Così apre la porta dello studio e invita Roberto a partecipare ad un nuovo gioco:

"Roberto, giochiamo a nascondino ora. Questa volta sarò io a chiudere gli occhi e a cercarti, tu vai a nasconderti." Il gioco diventa addirittura più interessante per Roberto che segue le istruzioni e comincia a correre, questa volta con una meta, lungo il corridoio alla ricerca di un posto dove nascondersi. Decide di nascondersi dietro un armadio.

"Roberto non è dietro questo divano, dove potrà essere?"

La dottoressa pensa a voce alta, con una gioviale intonazione, come stesse per dare inizio ad un canto per controbilanciare la cortina di tristezza che aveva dominato la stanza poco prima. Intanto Roberto nel sentire i passi della dottoressa avvicinarsi si ristringe sempre di più, per cercare di diventare piccolissimo, magari invisibile.

Puntuale arriva, come in un crescendo, la voce della terapeuta:

"Io vedo qualcosa di giallo dietro l'armadio in fondo al corridoio. Mi sembra di vedere un cappottino giallo...... Eccoti, Roberto ti ho visto. Sei tu dietro l'armadio?"

Uscendo fuori dalla sua tana Roberto aggiunge con un pronunciato sorriso sul suo viso:

"Si".

Un 'Si' accompagnato dalla luce brillante emessa dai suoi occhi scuri.

Un 'Si' per ringraziarla di aver saputo comunicare con la sua mente: lui si era sentito ritrovato da lei.

Un 'Si' che accende una nuova luce nella mente di Antonio e Rosalba: solo adesso il problema comincia a diventa un po' meno nebuloso. Rosalba va incontro a Roberto, lo bacia e lo abbraccia, poi ponendo il piccolo viso fra le sue mani la madre lo guarda diretto negli occhi:

"Hai parlato Roberto, è un miracolo, è stupendo !"

"Roberto, bravissimo! E' incredibile" Antonio si unisce all'esuberanza della moglie, si dirige verso la coppia e li abbraccia entrambi.

Il tempo della seduta è terminato ma c'è ancora molto su cui riflettere e su cui lavorare.

Roberto ha continuato a vedere la dottoressa Mannini per due incontri ogni settimana. Il loro legame è diventato sempre più forte; è un legame basato su un senso di fiducia, di comprensione e di tanti altri sentimenti che formano un legame terapeutico che è anche un legame affettivo. 'L'altra mamma di Roberto' Rosalba chiama con tuono affettuoso la dottoressa Mannini; non c'è rivalità o competizione nella sua voce. Se Roberto si è legato alla terapeuta, Rosalba ne è felice perché ne gode i risultati ed è molto grata alla dottoressa. Roberto è diventato più affettuoso anche con lei. Adesso, addirittura le chiede di essere preso in braccio e compete con Elena nel richiamare la sua attenzione. Buon segno.

Dopo due mesi dal loro primo incontro, Antonio e Rosalba tornano presso lo studio della dottoressa Mannini per informarla dei progressi che Roberto sta facendo sia a casa che a scuola.

Questa volta Antonio non ha posto nessuna resistenza nell'andare all'appuntamento: deve aver apprezzato i risultati di questa terapia. Ha visto con i suoi occhi piccoli cambiamenti che lo hanno fatto riflettere. Ha anche la sensazione di stare meglio, tutta la famiglia è più serena, perché non dire, più felice. Mentre moglie e marito camminano lungo il corridoio, lo stesso dove Roberto aveva corso sguittendo e sfarfallando, Antonio mette il suo braccio sulle spalle di Rosalba; la serenità conquistata li ha resi più uniti. Per questo incontro Rosalba indossa un cappotto di un tenue blue che contrasta dolcemente con il caldo rosa antico del suo vestito. Anche i suoi capelli sono lasciati sciolti e armoniosamente curati come ad incorniciare il suo sguardo sereno, quasi prono al sorriso.

"Sono felice di vedervi e sono felice di vedere finalmente un accenno di sorriso nei vostri occhi. Come sta andando?" Chiede la dottoressa Mannini dopo che tutti si sono accomodati.

Questa volta è Rosalba che risponde senza un attimo di esitazione:

"Molto meglio, dottoressa, siamo rimasti sorpresi quando Roberto ha cominciato a parlare al termine del nostro primo incontro. Il suo piccolo 'SI' è stato veramente sorprendente. Sin da allora sta facendo piccoli progressi ogni giorno. Siamo così contenti!"

Rosalba continua a raccontare alla terapeuta i progressi di Roberto a scuola dove, grazie all'intervento della maestra, Roberto è seguito da una terapeuta del linguaggio. Inoltre ha anche cominciato a giocare con alcuni suoi compagni di classe. La maestra è così felice!!"

Mentre Rosalba commenta, un pronunciato sorriso solca il suo viso. Nel parlare si aiuta con il gesticolare delle sue mani che sembrano dare un ritmo alle sue parole.

"A casa delle volte ripete i nostri suoni e delle volte gioca anche con Elena, e questo mi riempie il cuore."

Rosalba aveva continuato ad elencare una lunga lista di piccoli eventi riguardanti i progressi di Roberto.

"Molto bene, continuerò a lavorare con Roberto." Assicura la dottoresa Mannini.

Antonio ascoltava seduto sul divano accanto alla moglie, se ne sta seduto con tutto il suo corpo rilassato, dirigendo il suo sguardo talvolta verso Rosalba, talvolta verso la terapeuta. Poi decide di intervenire:

"Si certamente, dottoressa, dopo il nostro primo incontro ho molto riflettuto sugli effetti della mia depressione su Roberto, ero così giù che non mi sono neanche accorto di quanto lui stesse soffrendo."

Antonio confida che solo ora sente di essere riuscito ad avvicinarsi sempre di più al dolore del figlio. La terapeuta lo aiuta a capire oltre. Il dolore della perdita della nonna era stata vissuta da Roberto con la stessa intensità vissuta dal padre perché è con lui che Roberto si era identificato. Antonio aveva anche capito che Roberto si era venuto a trovare nella difficile e infelice posizione di perdere oltre alla nonna anche il padre e la madre, così presi dalle loro preoccupazioni.

"Roberto ha percepito come se lui non fosse più nelle vostre menti." Sottolinea la terapeuta mentre protende il suo corpo verso Antonio e Rosalba come a ricordare loro che lei era lì, pronta a contenere la loro tristezza.

Un senso di sconcerto permea la mente di Rosalba che vaga con lo sguardo nel vuoto, poi commenta:

"Si, però questo non lo capisco fino in fondo perché noi lo abbiamo sempre amato."

"Ne sono certa ed è per questo che siete qui. É grazie al vostro amore che state cercando di aiutarlo. Ma non bisogna dimenticare che i bambini hanno una mente popolata da molte fantasie. La loro percezione della realtà non è come quella di un adulto. Occorrono tante rassicurazioni affettive per convincere il bambino che lo amiamo."

Rosalba riesce ora a vedere il piccolo Roberto nella sua fragilità e vulnerabilità delle sue emozioni.

"In realtà Roberto era ancora molto piccolo ed è ancora molto piccolo" mormora.

Non aggiunge altro. Tutti lasciano spazio al silenzio che Rosalba rompe dopo pochi secondi dando voce ai suoi pensieri.

"Ora mi spiego perché si è sentito perso, deve avere pensato di essere scomparso dai nostri pensieri."

Il tono della sua voce è basso e la sua voce è difficile da percepire, c'è ancora tanta tristezza nel ricordo del passato.

Antonio aggiunge:

"Roberto ha perso una nonna che lo amava veramente tanto. E' stato il suo primo nipotino e lo chiamava ' Piccolo Sole'."

Questo 'Piccolo Sole' getta più luce nella mente della terapeuta che finalmente riesce ad aggiungere più pezzi al puzzle della situazione di Roberto.

"Grazie, per questa importante informazione, signor Antonio. Adesso è più chiaro il forte legame di Roberto con gli oggetti di colore giallo: il suo trenino e il suo cappotto entrambi di colore giallo rappresentano il Piccolo Sole."

I genitori ascoltano incuriositi da questa strana definizione.

"Adesso diventa più chiaro perché lui ha scelto questo colore per gli oggetti che ama. Giallo è il colore del sole, il colore a cui la sua nonna lo associava. Il legarsi affettivamente a questi oggetti gialli, il suo cappottino, il suo trenino e la piccola sedia a scuola, ha rappresentato per Roberto il modo per rendere il ricordo della sua nonna ancora vivo e presente. In questo modo lui ha cercato di ricreare il conforto che lui riceveva da lei. Questo meccanismo si è rivelato molto importante per Roberto soprattutto in un periodo in cui si era sentito molto solo."

Come in un flashback adesso è chiaro per la terapeuta perché Roberto le aveva sorriso durante il loro primo incontro, e ancora più chiaro perché l'aver ritrovato la piccola macchina gialla aveva destato l'esplosione di quella intensa risata. Inoltre è anche chiaro adesso, perché Roberto le aveva donato la prima parola dopo un anno di silenzio. Lei, come la nonna, era riuscita a vedere il Sole in lui e lui lo aveva intuito. La nonna e la dottoressa avevano entrambi ricoperto di calore Roberto.

Antonio interviene:

"Ma perché questo correre e vagare senza meta? Eravamo molto preoccupati."

"É un modo per allontanare da se il percepire delle cattive sensazioni, cattivi pensieri, i dolori dell'animo. Concentrarci sull'attività fisica ci aiuta a rendere la sofferenza mentale più silenziosa. Ma per Roberto il correre ha rappresentato anche un tentativo di ritrovare se stesso. Quel Roberto che non era riuscito a trovare spazio nella mente dei genitori, nei vostri sguardi."

"É sorprendente come lei abbia potuto capire tutte queste cose attraverso il giocare con Roberto." Commenta Rosalba.

"Vede signor Antonio, tutti i sentimenti ed emozioni di cui stiamo parlando vengono agiti da Roberto nel suo gioco." Spiega la dottoressa, "I suoi atti ripetitivi rappresentano attraverso il gioco il suo dolore di sentirsi perso e talvolta il piacere di sentirsi ritrovato. Voi avete visto come Roberto dimostri un grande piacere nel gioco del nascondino; la sua gioia e il suo ricominciare a parlare, con il suo SI, dopo essere stato ritrovato nel gioco del nascondino, è il modo in cui ci comunica la sua felicità nell'essere stato visto e riconosciuto. Perdersi e ritrovarsi nella mente dei suoi cari."

"Ma come è possibile che quel periodo così triste sia stato così devastante per Roberto? Ci sono tanti bambini che attraversano fasi della vita molto più dolorosi eppure riescono a reagire."

"Difficile dare una chiara risposta ma è ormai chiaro che ci sono bambini che resistono meglio di altri alle intemperie della vita. É probabile che Roberto sia un bambino con una predisposizione a vivere in modo intenso gli stati d'ansia. Quando lui ha percepito che voi non eravate in grado di contenere le sue angosce, di rassicurarlo, ha adottato una strategia di sopravvivenza chiudendosi in se stesso, in completa solitudine, creando una indipendenza affettiva. Ma questo chiudersi lo ha condotto a creare nella sua mente un suo mondo di onnipotenza, come dire a se stesso io devo essere capace di fare tutto da solo e non chiedere mai aiuto. Come gli episodi d'indipendenza raccontati dalla Signora Rosalba. Ma avete visto, attraverso l'esperienza di Roberto, non sempre l'indipendenza è segno di maturità e crescita; può essere invece un meccanismo di difesa che ci allontana dal contatto con il mondo esterno. E' per questo che Roberto aveva deciso di smettere di parlare."

"La vostra è una chiara situazione in cui eventi tristi e drammatici hanno bloccato il processo di comunicazione affettiva ed emozionale tra genitori e figli" Chiarisce la dottoressa.

"Questa difficoltà ha creato confusione in Roberto che ha reagito isolandosi e tagliando i ponti con il modo esterno."

Antonio entra nella conversazione e, come a voler ringraziare la dottoressa, le confida una parte dei suoi intimi pensieri:

"Devo confessarle, dottoressa, che l'averle raccontato la nostra storia e i nostri traumi è stato molto importante per Roberto ma lo è stato anche per noi. Io mi sono sentito molto meglio dopo l'incontro che abbiamo avuto due mesi fa. Non solo perché Roberto sta migliorando ma anche perché ho capito più aspetti di me stesso."

"Mi fa piacere sentire questo commento Signore Antonio. Anzi colgo l'occasione per ringraziarvi entrambi per la vostra collaborazione. Senza il vostro aiuto Roberto non avrebbe fatto progressi."

Poche sedute sono servite per far rinascere Roberto per restituire a Roberto la sua sopita gioia di vivere.

I suoi progressi diventano visibili ogni giorno con delizia dei genitori; grazie al suo cappottino e trenino giallo, brillanti e splendenti come il sole.

Epilogo

Teoria psicoanalitica del caso

L'intervento psicoanalitico della terapeuta, che ha lavorato con Roberto, è sorretto dalla teoria psicoanalitica che vede il linguaggio influenzato dal processo emozionale.

Il postulato alla base della teoria psicoanalitica è che il linguaggio si sviluppa all'interno del processo di interazione fra il bambino e le figure parentali. Questo approccio psicoanalitico prende avvio con le teorie della psicoanalista **Melanie Klein** (1882-1960) che grande attenzione e ricerca ha dedicato allo studio psicoanalitico del bambino. In modo particolare M. Klein individua nel **gioco dei bambini** una piattaforma per l'espressione simbolica dei processi psichici. Essenziale quindi è la capacità interpretativa del **simbolismo ludico** per riuscire a comprendere i significati profondi della psiche del bambino (**la terapia del gioco**). Il caso di Roberto bene illustra come la psicoterapeuta abbia saputo individuare, attraverso il gioco, il linguaggio interno di Roberto e le sensazioni che popolano la sua mente.

Le teorie di M. Klein hanno successivamente destato interesse e trovato riscontro nei lavori di ricerca di molti psicoanalisti.

Sin dagli anni '60 l'acquisizione del linguaggio nel bambino ha rappresentato, per la **teoria Lacaniana,** un tentativo di **identificazione con le figure genitoriali** e nello stesso tempo uno strumento necessario per **l'interazione sociale**.

Daniel Stern (1985) arricchisce le conoscenze sul linguaggio con il concetto del **'Se Verbale'** e sottolinea come i gesti, il gioco, il cambiamento dei ruoli siano alla base della formazione del linguaggio. Simbolismi, questi, che aiutano alla creazione dell'immagine di noi stessi e alla formazione di un **linguaggio interno** prima che esterno. Inoltre sia per Lacan che per Stern il linguaggio segna l'inizio del **processo di separazione** e **individualizzazione**. Alla luce di queste considerazioni diventa evidente il ruolo significativo dell'interazione tra il neonato/

bambino e le figure genitoriali che hanno il ruolo di interpretare e accogliere la comunicazione preverbale sin dalla nascita. A sviluppare estesamente questo aspetto sarà **Wilfred Bion,** nel 1962, che, nel trattare lo sviluppo del pensiero e del linguaggio nell'infante, sottolinea come questi processi possano aver luogo e svilupparsi solo se l'infante trova nell'adulto un **contenitore** capace di pensare per lui e con lui . In questo contesto rientra il concetto del linguaggio visto come il prodotto di interazioni emozionali. Per W. Bion, pensiero e linguaggio dipendono fortemente dalla qualità del rapporto tra il bambino e gli adulti con cui interagisce .

Quando è evidente una correlazione tra **difficoltà di linguaggio** e problemi nella relazione con le figure genitoriali, la teoria psicoanalitica interpreta le problematiche come **rappresentazioni simboliche** dell'**esperienza emozionale**.

 Il linguaggio, quindi, come processo di crescita-separazione ma anche come opportunità per apprendere e costruire nel nostro mondo interno le immagini genitoriali.

Ampliando questa analisi, **Donald Meltzer** (1986) parla del '**Teatro della bocca.**' La bocca, luogo di piacere sin dal momento della nascita, diventa, durante il "conversare infantile", anche lo strumento per la produzione di suoni attraverso il movimento muscolare della lingua e delle pareti della bocca stessa. Movimenti ripetuti dall'infante nel tentativo di riprodurre il piacere già conosciuto nella fase dell'allattamento che, nel riempire, ha il potere di produrre benessere.

É evidente come durante questo processo, che vede partecipi il ricordo del piacere, il gioco, la riproduzione dei suoni (che diventeranno linguaggio) l'interazione emozionale assume una fondamentale valenza .

Anne Alvarez (1992) analizza l'importanza, nel processo terapeutico con bambini che presentano caratteristiche autistiche, nel riuscire a rievocare il concerto di pienezza (bontà materna). A tal proposito il gioco del 'ritrovamento dell'oggetto perso' simbolizza la creazione di un **senso di speranza** che l'oggetto buono, e desiderato dal bambino, esista e può essere ricreato internamente.

Il caso di Roberto evidenzia come la consapevolezza di aver destato interesse in qualcun altro (la psicoterapeuta) e di sentirsi ritrovato, gli restituisca il senso di 'pienezza' e gli permetta di confrontarsi con l' inconscia paura di scomparire, di essere risucchiato nel nulla. Solo quando il senso di una nuova speranza è solido, il linguaggio può avere luogo.

Ringraziamenti

Uno speciale ringraziamento va a mio marito e ai mie tre figli il cui interesse e commenti per il contenuto di questo racconto sono stati di grande aiuto.

Un grazie particolare a Kate Anstis che con scrupolosa attenzione ha curato e abbellito la traduzione in lingua inglese del racconto.